BENJAMIN LACOMBE

Liebesbriefe

JACOBY STUART

Liebesbriefe

BENJAMIN LACOMBE

Die böse Königin, 2009, Gouache und Öl auf Papier, 50 x 70 cm,

aus: Benjamin Lacombe, *Blanche Neige (Schneewittchen)*, © 2010 Editions Milan, Paris

Liebesbriefe

BENJAMIN LACOMBE

Bildnis Undine, 2012, Gouache und Öl auf Papier, 50 x 70 cm.

aus: Benjamin Lacombe, *Ondine (Undine)*, © 2012 Albin Michel Jeunesse, Paris

Liebesbriefe

BENJAMIN LACOMBE

Der Tanz der Liebenden, 2012, Gouache und Öl auf Papier, 50 x 70cm,

aus: Benjamin Lacombe / Olivia Ruiz, *Swinging Christmas*, © 2012 Albin Michel Jeunesse, Paris

Liebesbriefe

BENJAMIN LACOMBE

Diantha, 2011, Gouache und Öl auf Papier, 30 x 40 cm.

aus: Benjamin Lacombe und Sébastien Perez, *L'Herbier des Fées (Das Elfenbestimmungsbuch)*, © 2011 Albin Michel Jeunesse, Paris

Liebesbriefe

Benjamin Lacombe

Die Verliebte, 2013, Gouache und Öl auf Papier, 50 x 70 cm,

aus: Benjamin Lacombe, *Madame Butterfly*, © 2013 Albin Michel Jeunesse, Paris

Liebesbriefe

BENJAMIN LACOMBE

Wunderblume, 2011, Gouache und Öl auf Papier, 30 x 40 cm,

aus: Benjamin Lacombe und Sébastien Perez, *L'Herbier des Fées (Das Elfenbestimmungsbuch)*, © 2011 Albin Michel Jeunesse, Paris

Titelbild Undine, 2012, Gouache und Öl auf Papier, 50 x 70 cm,

aus: Benjamin Lacombe, *Ondine (Undine)*, © 2012 Albin Michel Jeunesse, Paris

Liebesbriefe

BENJAMIN LACOMBE

Der Albtraum, 2012, Gouache und Öl auf Papier, 50 x 70 cm.

aus: Benjamin Lacombe, *Ondine (Undine)*, © 2012 Albin Michel Jeunesse, Paris

Liebesbriefe

BENJAMIN LACOMBE

Die Liebenden, Entwurfskizze, Bleistift auf Papier, 30 x 40 cm,

für: Benjamin Lacombe, *Ondine (Undine)*, © 2012 Albin Michel Jeunesse, Paris

Liebesbriefe

BENJAMIN LACOMBE

Lilith, 2008, Gouache und Öl auf Papier, 30 x 40 cm,

aus: Benjamin Lacombe und Sébastien Perez, *Grimoire de Sorcières (Hexenalmanach)*, © 2008 Editions du Seuil, Paris

Liebesbriefe

Benjamin Lacombe

Butterfly und Pinkerton. 2013. Gouache und Öl auf Papier. 30 x 40 cm.

aus: Benjamin Lacombe. *Madame Butterfly*. © 2013 Albin Michel Jeunesse, Paris

Liebesbriefe

BENJAMIN LACOMBE

Mary & Anny, 2008, Gouache und Öl auf Papier,

aus: Benjamin Lacombe und Sébastien Perez, *Grimoire de Sorcières (Hexenalmanach)*, © 2008 Editions du Seuil, Paris

Die Liebenden, 2012, Gouache und Öl auf Papier, 30 x 40 cm,

aus: Benjamin Lacombe, *Ondine (Undine)*, © 2012 Albin Michel Jeunesse, Paris

Liebesbriefe

BENJAMIN LACOMBE

Die Fee, 2009. Bleistift auf Papier, 40 x 50 cm,

aus: Edgar Allan Poe / Benjamin Lacombe, *Les Contes Macabres (Unheimliche Geschichten)*, © 2009 Editions Soleil / Métamorphose, Paris

Liebesbriefe

BENJAMIN LACOMBE

Das Küsschen, 2008, Gouache und Öl auf Papier, 30 x 40 cm,

aus: Benjamin Lacombe und Sébastien Perez, *La petite Sorcière (Lisbeth, die kleine Hexe)*, © 2008 Editions du Seuil, Paris

Liebesbriefe

BENJAMIN LACOMBE

Familie mit schwarzem Kater, 2009, Gouache und Öl auf Papier, 40 x 50 cm,

aus: : Edgar Allan Poe / Benjamin Lacombe, *Les Contes Macabres (Unheimliche Geschichten)*, © 2009 Editions Soleil / Métamorphose, Paris

Liebesbriefe

BENJAMIN LACOMBE

Die Gottesanbeterin, 2009, Gouache und Öl auf Papier, 50 x 70 cm,

aus: Edgar Allan Poe / Benjamin Lacombe, *Les Contes Macabres (Unheimliche Geschichten)*, © 2009 Editions Soleil / Métamorphose, Paris

Liebesbriefe

BENJAMIN LACOMBE

Die Witwe, 2009, Gouache und Öl auf Papier, 40 x 50 cm,

aus: Edgar Allan Poe / Benjamin Lacombe, *Les Contes Macabres (Unheimliche Geschichten)*, © 2009 Editions Soleil / Métamorphose, Paris

THURSDAY NITE MAY 22nd
9.00 PM to 2.00 AM
SOL
THE RED STAR
ORCHESTRA
UNIVERSAL ATTRACTIONS, 347 AVE, NEW YORK CIT
DON'T MISS TH
THE

Liebesbriefe

BENJAMIN LACOMBE

Plakate, 2012, Gouache, Öl und Collage auf Papier, 40 x 50 cm,

aus: Benjamin Lacombe / Olivia Ruiz, *Swinging Christmas*, © 2012 Albin Michel Jeunesse, Paris

Liebesbriefe

BENJAMIN LACOMBE

Erwartung, 2013, Gouache und Öl auf Papier, 30 x 40 cm,

aus: Benjamin Lacombe, *Madame Butterfly*, © 2013 Albin Michel Jeunesse, Paris

Illustration und graphische Gestaltung: Benjamin Lacombe
Druck und Bindung: Just Colour Graphic S.L.
Printed in Spain

ISBN 978-3-942787-12-3
www.jacobystuart.de